Sternenregen

Material:

- Universalkarton in Haut
- buntes Geschenkpapier
- Tonpapier in Schwarz, Gelb (oder einer anderen passenden Farbe), Braun, Bordeaux
- Fotokarton in Gelb
- festes Transparentpapier in Weiß
- selbstklebende Holografiefolie in Gold
- Entwurfpapier
- weicher Bleistift (2B)
- Pastellkreide oder Buntstift in Rot
- Fineliner in Schwarz
- Gelstift in Weiß
- UHU Alleskleber Kraft
- Nadel
- Nylonschnur
- Motivlocher Stern groß und klein

Größe: ca. 15 x 17 cm (mit Sternen 45 cm)

So wird´s gemacht:

1. Für das kleinere Engelchen die Vorlage mit einem Faktor von 80% kopieren.
2. Alle Teile mit Entwurfpapier vom Bogen abnehmen und auf die entsprechenden Papiere übertragen. Dabei das gesamte Engelchen (ohne Haare) einmal aus hautfarbenem Karton, das gesamte Kleidchen zweimal aus gelbem Tonpapier (oder einem anderen Farbton passend zum verwendeten Geschenkpapier) schneiden.
3. Zuerst Schuhvorderseite und Schuhrückseite aufkleben, dann die gelben „Unterkleidchen" und darüber die Geschenkpapierkleidchen
4. Die Kleidchenspitzen mit einem kleinen [illegible] festkleben.
5. Zuletzt die Haare von vorne und hinten ankleben [illegible] Schuhschleifchen aus Selbstklebefolie schneiden und aufkleben.
6. Transparentpapierstück falten, den Papierbruch auf die Markierung legen, den Flügel übertragen und ausschneiden. Nach dem Auffalten ergibt sich ein doppeltes Flügelpaar. Dieses unter die mittlere Locke am Rücken des Engelchens schieben und lt. Markierung in der Vorlage festkleben.
7. Mit einer Nadel Löcher in die Krone und in den Saum des Kleidchens stechen, Nylonschnur durchfädeln und festknoten.
8. Sternchen aus Selbstklebefolie stanzen und jeweils zwei gegeneinander um die Nylonschnüre kleben.
9. In die Mitte des jeweils untersten großen Sternchens einer Sternenkette ein ausgestanztes Sternchen aus gelbem Fotokarton mit einkleben.

W0292060

Weihnachtsmann

Material:

- Fotokarton in Dunkelbraun, Mittelbraun, Orange und Dunkelgrün
- Tonpapier in Rot, Haut, Creme und Weiß
- Velourspapier in Weiß • Aludraht, 2 mm Ø, 26 cm lang
- dünner Silberdrahtrest • Entwurfpapier • weicher Bleistift (2B)
- Pastellkreide oder Buntstift in Pink • Fineliner in Schwarz
- Gelstift in Weiß • Filzstifte in Gelb und Orange
- UHU Alleskleber Kraft • UHU fix Klebekissen • Bastelzange

Größe: ca. 25 x 17 cm

So wird´s gemacht: Weihnachtsmann mit Laterne

1. Alle Teile mit Entwurfpapier vom Bogen abnehmen und auf die entsprechenden Papiere übertragen.
2. Die gesamte Figur Weihnachtsmann mit Sack einmal aus mittelbraunem Fotokarton schneiden.
3. Für ein beidseitiges Bild werden außer diesem alle Teile doppelt benötigt. Zunächst die roten Mantel- und Mützenteile aufkleben, dann das Gesicht und den linken Handschuh (hält den Sack). Anschließend das weiße Velourspapier aufkleben, das Unterteil des rechten Handschuhs und die Schuhe.
4. Knöpfe, Augenbrauen und Flicken lt. Abbildung aufkleben. Alle Linien mit schwarzem Fineliner nachziehen.
5. Das Nasenteil einmal incl. des Schnauzers aus hautfarbenem Tonpapier schneiden, die Nase mit Pastellkreide schattieren.
6. Anschließend den Schnauzer aufkleben und das ganze Teil mit einem halbierten Klebekissen auf dem Werkstück platzieren.
7. Mit der Bastelzange den Aludraht lt. Abbildung biegen und auf den Handschuh legen. Den Draht rechts und links mit einem kleinen Stück Klebekissen einklemmen und das Handschuhoberteil darauf befestigen.
8. Den Sackzipfel an der Oberseite direkt mit Kleber am Handschuh fixieren, an der Unterseite jedoch mit einem halben Klebekissen zwischen Sackteil und Nikolaus aufkleben, damit es plastisch absteht.
9. Die Rückseite gegengleich arbeiten, hier jedoch beim zusammenkleben keine Klebekissen verwenden.
10. Mit weißem Gelstift Lichtpunkte in die Augen setzen.

Laterne: Die hinteren Holme der Laterne werden einmal, alle anderen Teile zweimal benötigt.

11. Die Kerzenflamme mit Filzstiften gelb und orange ausmalen.
12. Die Kerze auf die hinteren Holme, dann alles hinter den Laternenausschnitt kleben.
13. Die Rückseite gegengleich fertigen.
14. Alle Linien mit schwarzem Fineliner aufmalen.
15. In die Oberseite der Laterne mit einer Nadel ein Loch stechen, einen dünnen Silberdraht durchfädeln und einen Henkel biegen.
16. Laterne an den Nikolausstab hängen.

So wird´s gemacht: Geschenk

Das komplette Geschenk incl. Schnee einmal aus orangefarbenem Fotokarton schneiden, die restlichen Teile werden zweimal benötigt. Zunächst die Schleife, dann den Schnee aufkleben. Die Rückseite gegengleich fertigen. Linien mit schwarzem Fineliner ziehen, auf das Geschenk mit Filzstift kleine Sternchen in Orange malen.

Fliegende Engelchen

Material:

- Universalkarton in Haut, Hellgelb, Weiß, Hellblau und Flieder
- festes Transparentpapier in Weiß
- Tonpapier in Gelb und Braun
- Fotokarton in Gold und Silber
- milchige Folie
- Entwurfpapier
- weicher Bleistift (2B)
- Pastellkreide oder Buntstift in Rot
- Fineliner in Schwarz
- Gelstift in Weiß
- UHU Alleskleber Kraft,
- UHU por Hartschaumkleber

Größe: ca. 16 bzw. 13 x 10 cm

So wird´s gemacht:

1. Alle Teile mit Entwurfpapier vom Bogen abnehmen und auf die entsprechenden Papiere übertragen. Arme und Flügel werden zweimal benötigt.
2. Zunächst Engelkörper und Kopf incl. Haare einmal aus hautfarbenem Karton schneiden, ebenso beide Arme (Ärmel incl. Hand).
3. Zuerst die Haare und den Kleidchensaum aufkleben, dann die übrigen Teile lt. Abbildung aufkleben.
4. Einen Arm von vorne, den anderen von der Rückseite leicht nach oben versetzt ankleben, ebenso den hinteren Flügel leicht nach oben versetzen.
5. Das Gesicht mit schwarzem Fineliner aufmalen und die Bäckchen vorsichtig rot schattieren.
6. Zuletzt den großen Stern bzw. das Herz zwischen die Arme schieben und festkleben.
7. Aus fester Folie zwei 23 x 15 bzw. 23 x 12 cm große Rechtecke schneiden und mit UHU por im Kontaktklebeverfahren zur Röhre kleben.
8. 1,2 cm breite Streifen aus weißem Universalkarton schneiden und oben und unten an der Röhrenkante festkleben.
9. Die Engelchen in der Körpermitte mit Kleber bestreichen und auf die Röhre kleben, mit kleinen Herzchen und Sternchen verzieren.

Schneemänner

Windlichter

Material:

- Fotokarton in Mittelblau
- Universalpapier in Hellblau
- festes Transparentpapier
- Filzstifte in verschiedenen Farben (z.B. brushpen von edding)
- Entwurfpapier
- weicher Bleistift (2B)
- Fineliner in Schwarz
- UHU Alleskleber Kraft
- Falzbein
- Mini Sternchenstanzer in Stiftform (z.B. von Kars)

Größe: ca. 12 x 11 x 11 cm und 6 x 5 x 5 cm

So wird´s gemacht:

1. Alle Teile mit Entwurfpapier vom Bogen abnehmen, auf die entsprechenden Papiere übertragen und ausschneiden. Ab Pfeil die Zeichnung gegengleich ergänzen, jedoch die senkrechte Klebelasche weglassen.
2. Zuerst die hellblauen Papierstreifen auf die Vorderseite des Windlichtzuschnittes kleben, dann alle Innenteile mit dem Bastelmesser herausschneiden und mit Transparentpapier hinterkleben.
3. Das Windlicht auf die Vorlage legen und mit schwarzem Fineliner die Linien nachziehen.
4. Anschließend die farbigen Teile mit den Filzstiften von der Rückseite ausmalen.
5. Alle Falzlinien mit dem Falzbein an einem Lineal entlang nachziehen, knicken und das Windlicht zusammenkleben.
6. Zuletzt den Boden einkleben.

Nikolaus + Weihnachtsbaum

Material Nikolaus:

• Fotokarton in Rot, Braun, Grün und Schwarz • Universalkarton in Haut und Weiß • Velourspapier in Weiß • Entwurfpapier • weicher Bleistift (2B) • Pastellkreide oder Buntstift in Rot • Fineliner in Schwarz • Gelstift in Weiß • UHU Alleskleber Kraft • UHU fix Klebekissen • Teelichtgläschen • Falzbein

Größe: ca. 22 x 11 cm

So wird´s gemacht:

1. Alle Teile mit Entwurfpapier vom Bogen abnehmen und auf die entsprechenden Papiere übertragen. Dabei die gesamte Figur einmal aus rotem Fotokarton schneiden. Die Ärmelaufschläge werden je zweimal benötigt.
2. Zunächst das Gesicht, Handschuhe und Stiefel aufkleben, dann das Velourspapier.
3. Einmal den gesamten Bart befestigen, dann die Linien mit schwarzem Fineliner nachziehen.
4. Bäckchen und Zunge mit roter Kreide aufmalen. Schnauzer aufkleben. Hautfarbene Nase ausschneiden, rot bemalen und aufkleben.
5. Knicklinien mit dem Falzbein an einem Lineal entlang vorfalzen und den Nikolaus aufsetzen.
6. Zuletzt das Teelichtgläschen auf dem Schoß ausrichten und die Handschuhe mit Klebekissen daran festkleben.

Material Bäumchen:

• Fotokarton in Grün und Gold • Transparentpapier in Grün mit goldenen Sternchen • Glitter in Gold • Entwurfpapier • weicher Bleistift (2B) • UHU Alleskleber Kraft • hohes Kerzenglas, z.B. Trinkglas • Falzbein

Größe: ca. 16 x 16 x 5 cm

So wird´s gemacht:

1. Das gesamte Teil mit Entwurfpapier vom Bogen abnehmen und auf den grünen Fotokarton übertragen.
2. Die Innenteile mit dem Bastelmesser herausschneiden und das Sternchentransparentpapier grob zurechtschneiden.
3. Zuerst den Ausschnitt mit dem Transparentpapier hinterkleben und trocknen lassen, dann die Außenkante des Bäumchens mit der Schere ausschneiden.
4. Alle Knicklinien mit dem Falzbein an einem Lineal entlang vorfalzen und dann das Bäumchen im Kontaktklebeverfahren montieren.
5. Einzelne Sternchen aus dem Transparentpapier auf goldenen Fotokarton kleben und ausschneiden, dann auf den Rand der Tanne kleben.
6. Tanne mit Goldglitter verzieren.
7. Zuletzt ein **hohes** Glas mit Kerze hineinstellen.

TIPP:

Bitte verwenden Sie beim Bäumchen ein hohes Glas für das Teelicht. Es hält die oberen Bäumchenspitzen auseinander, damit sie nicht in Brand geraten können.

Weihnachts-Elch

mit Lichterkette

Material:

- Fotokarton in Hellblau und Gold • Scrapbookingpapier mit blauen Mustern
- Papierreste in Weiß • Extrafestes Transparentpapier in Gelb, Rot, Orange, Swirl
- Entwurfpapier • weicher Bleistift (2B) • Fineliner in Schwarz
- Gelstift in Rot und Weiß • 4 Miniknöpfe • UHU Alleskleber Kraft • Falzbein
- Lochzange • Bändchenreste • Mini-Sternchenstanzer in Stiftform
- Glitter in Gold

Größe: ca. 21 x 17 x 5 cm

So wird´s gemacht:

1. Alle Teile mit Entwurfpapier vom Bogen abnehmen, auf den entsprechenden Karton übertragen und ausschneiden.
2. Alle Innenteile mit dem Bastelmesser herausschneiden beziehungsweise mit dem Sternchenstanzer ausstanzen und mit Transparentpapier hinterkleben.
3. Linien mit schwarzem Fineliner nachziehen, die Zunge mit rotem Gelstift aufmalen und mit weißem Stift die Augenlichtchen setzen.
4. Das Kissen zunächst komplett aus weißem Papier aufkleben, dann die beiden gemusterten Papiere befestigen. Die Kanten an der Knopfleiste mit Bleistift betonen und die Knöpfe aufkleben.
5. Die Elch-Arme mit den schmalen Oberseiten an den markierten Stellen aufkleben.
6. Die Sternchen mit Glitter verzieren, trocknen lassen.
7. Alle Knicklinien mit dem Falzbein vorfalzen, die Tüte falten und im Kontaktklebeverfahren montieren.
9. Eine Lichterkette in die Tüte stecken und das Kabel durch den Schlitz in der Seitenkante nach außen führen.
10. Je ein Loch in die Mitte der oberen Tütenkante stanzen und mit einer Schleife verschließen.

Tüte als Geschenk:

Stern aus goldenem Fotokarton schneiden und die Außenkante mit Goldglitter nachziehen, mit Namen beschriften und unter die Arme des Elchs schieben.

winkendes Bärchen

Fensterbild

Material:

- Fotokarton in Hell- und Dunkelbraun
- Universalkarton in Rosa und Beige
- Velourspapier in Weiß und Rot
- Rest Schreibmaschinenpapier in Weiß
- Entwurfpapier
- weicher Bleistift (2B)
- Pastellkreide oder Buntstift in Pink
- Fineliner in Schwarz
- UHU Alleskleber Kraft
- UHU fix Klebekissen

Größe: ca. 26 x 18 cm

So wird´s gemacht:

1. Alle Teile mit Entwurfpapier vom Bogen abnehmen und auf die entsprechenden Papiere übertragen. Dabei die gesamte Figur incl. winkender Pfote und Mütze einmal aus dunkelbraunem Fotokarton schneiden.
2. Für ein beidseitiges Bild werden außer dem dunkelbraunen Körperteil und der aufgestützten Pfote alle Teile doppelt benötigt.
3. Zunächst das rote Velourspapier aufkleben, dann das weiße. Alle anderen Teile lt. Abbildung aufkleben, die aufgestützte Pfote mit je zwei übereinander geklebten Klebekissen befestigen.
4. Alle Linien mit schwarzem Fineliner nachziehen, die Ohrinnenmuschel vorsichtig mit Pastellkreide in Pink schattieren.

TIPP:

Für ein noch plastischeres Bild auch die Außenkante der Mütze mit Pastellkreide schattieren.

Adventskalender Elch

Material:

- Graupappe
- Fotokarton in Hellbraun, Dunkelbraun und Beige
- Tonpapier in Hellgrün, Rot und Schwarz
- Wollreste in Braun und Rot
- Entwurfpapier
- weicher Bleistift (2B)
- Fineliner in Schwarz
- Gelstift in Weiß
- 2 Schraubhaken
- 2 Stückchen Holz, ca. 2 x 2 x 1 cm
- UHU Alleskleber Kraft
- Kordel- und Bändchenreste
- Glitter in Kupfer und Grün
- Pastellkreide in Braun
- Organzasäckchen in Orange und Grün
- Filzstift in Hellgrün
- UHU fix Klebekissen
- Silberdrahtreste, Ø 0,5 mm

Größe: ca. 31 x 28 cm (ohne Säckchen)

So wird´s gemacht:

1. Die Teile mit Entwurfpapier vom Bogen abnehmen, auf den entsprechenden Karton übertragen und ausschneiden. Dabei den Elchkörper einmal komplett und einmal jedes Vorderbein aus Graupappe ausschneiden.
2. Alle Teile lt. Abbildung auf die entsprechenden Graupappestücke kleben.
3. Die hellbraunen Teile mit der Pastellkreide leicht schattieren und die Außenkante des Halstuchs mit dem grünen Filzstift ca. 4 mm breit nachmalen, mit schwarzem Fineliner die übrigen Linien aufmalen.
4. Augenlichter mit weißem Gelstift setzen und den Elch mit Glitter verzieren.
5. Die Schraubhaken in je eine Schmalseite der Holzstückchen drehen und diese so auf den Körper unter die Elcharme kleben, dass die Schraube gerade noch von der Pfote verdeckt wird.
6. Einige ca. 8 cm lange Wollstücke schneiden, in der Mitte verknoten und die Enden aufzwirbeln. Mit dem Knoten am Elchkopf festkleben. Alles gut trocknen lassen.
7. Die Arme zum Schluss an der Elchschulter mit Klebekissen befestigen.
8. Eine Kordel durch die beiden Schraubhaken ziehen und auf jedes Ende einen Knoten setzen.
9. Ca. 3 cm lange Drahtstücke zu kleinen Häkchen biegen und in die Kordel stecken. Die Organzasäckchen mit Geschenkbändchen daran festbinden.

11
24
22
23
12
15
10
6.
18

Lustiger Schneemann

Material:

• Fotokarton in Hellblau und Weiß • Tonpapier in Gelb, Orange, Rot, Dunkelblau und Hellgrün • Vierkantholz für den Stiel • Decor Matt in Weiß • feste, milchige Folie • Glitter • Alu-Draht 2 mm • Entwurfpapier • weicher Bleistift (2B) • wasserfester dünner Filzstift in Schwarz • Deco Marker (hier edding 4000) in Weiß und Blau • UHU Alleskleber Kraft • UHU fix Klebekissen • Bastelzange • Pastellkreide in Hellblau

Größe: ca. 34 x 30 cm mit Schild

So wird´s gemacht:

1. Die Teile mit Entwurfpapier vom Bogen abnehmen, auf den entsprechenden Karton übertragen und ausschneiden.
2. Den Eiskristall aus der Folie schneiden, dick mit Glitter bemalen und gut trocknen lassen.
3. Alle Teile bis auf das herunterhängende Schneemannbein und die Faust lt. Abbildung montieren.
4. Die Schneekristalle auf dem Schild zunächst mit blauem Deco Marker aufmalen und nach kurzer Trocknungszeit etwas versetzt mit weißem Deco Marker.
5. Alle Linien mit schwarzem Fineliner ziehen und die weißen Schneemannteile mit der Pastellkreide schattieren.
6. Zuletzt Schneemann und Schild mit Glitter verzieren.
7. Ein 16 cm langes Aludraht-Stück an einer Seite mit der Bastelzange aufrollen und den Eiskristall einstecken.
8. Bein- und Faustteil mit Klebekissen montieren, dabei den Drahtstiel mit in die Faust einkleben.
9. Das Vierkantholz weiß bemalen und auf die Rückseite des Schneemanns kleben.
10. Soll der Schneemann als Fensterbild gebastelt werden, wird das Schild weggelassen und das lose Bein für mehr Abstand mit zwei bis drei übereinander geklebten Klebekissen befestigt.